LebensZeitReise

Helga Schäferling
Helmut Peters

AF235448

Helga Schäferling, Helmut Peters

LebensZeitReise

Aphorismen, Gedichte, Texte

Impressum
Bibliografische Information der Deutschen Nationalbibliothek:
Die Deutsche Nationalbibliothek verzeichnet diese Publikation in
der Deutschen Nationalbibliografie; detaillierte bibliografische
Daten sind im Internet über http://dnb.dnb.de abrufbar.
© 2022 Helga Schäferling, Helmut Peters
weitere Mitwirkende: Werner Gelhar, Illustrationen
Herstellung und Verlag: BoD – Books on Demand,
Norderstedt

ISBN: 978-3-7543-0320-7

VorWort

„Am Anfang war das Wort – und ließ sich nicht mehr zurücknehmen." (Helga Schäferling)

Spätestens dann, wenn es wie in diesem Falle festgeschrieben ist. Wobei wir auch keineswegs gewillt sind, eines unserer Worte zurückzunehmen! Wir bieten sie Ihnen, liebe Leserin, lieber Leser, zum Nach-Denken an. Im besten Fall werden dadurch eigene Gedanken angeregt, diese dürfen durchaus im Widerspruch zu unseren Aussagen stehen. Schließlich hat jeder Mensch seine ganz persönliche Geschichte mit einem eigenen Erfahrungsschatz, der ihn prägt. Manche Einstellungen ändern sich im Laufe des Lebens und so sind auch unsere Gedanken zu verstehen: Lebendig und keineswegs starr.

Ein Mann, eine Frau, zwei unterschiedliche Lebensgeschichten. In Kontakt zueinander gekommen sind wir (Helmut Peters / Helga Schäferling) nach einem Beitrag „Patienten berichten" in der Zeitschrift „Impulse", herausgegeben von der „Gesellschaft für Biologische Krebsabwehr". Als verbindendes Element haben wir schnell die gemeinsame Liebe zu Aphorismen und zum Schreiben entdeckt. 2004 ist das gemeinsame Büchlein **„denken zwischen gedanken – nicht ohne hintergedanken"** als limitierte Auflage entstanden, veröffentlicht im Athena Verlag.

Auch wenn wir uns bisher nur einmal persönlich begegnet sind, schätzen und bereichern wir uns gegenseitig in unserem Gedankenaustausch.

Was liegt näher, als ein weiteres Gemeinschaftswerk in Angriff zu nehmen? Mit dem neuen Titel möchten wir Sie mit auf den Weg nehmen, unsere Gedanken möchten Sie auf *Ihrer* individuellen Reiseroute ansprechen.

Nicht nur Worte sprechen, sondern auch Bilder. Wir haben uns auf die Suche gemacht und sind bei Instagram auf Werner Gelhar aufmerksam geworden. Seine Zeichnungen haben uns spontan begeistert und nun freuen wir uns, dass er unsere LebensZeitReise so wunderbar illustriert hat.

Viel Freude beim Lesen und Betrachten unseres Buches!

Lebensreise

ZeitTraumReise

Wer lebte nicht gerne in einem Zeitschloss!? In meinem Zeitschloss gibt es unzählige ZeitRäume, große, kleine, hohe, niedrige. Ich stelle Ihnen nur einige vor. Zum Beispiel den ArbeitsZeitRaum. Er ist der kleinste, unscheinbarste Raum - eine Abstellkammer. Spartanisch eingerichtet, nur mit dem Notwendigsten ausgestattet. Eine StechUhr gibt es nicht! Und trotzdem ist mein ArbeitsZeit-Konto nie überzogen!

Im SprechZeitRaum gibt es unterschiedliche, aber immer ausreichende Zeit – angepasst an die Bedürfnisse der Stunde. Hier werden SprechStunden nicht zu SprechMinuten. Und: Im SprechZeitRaum gibt es wunderbarerweise keine WarteZeit! Man geht hinein und kann sofort loslegen – eine optimale NutzZeitNutzung.

Im KunstZeitRaum finde ich Zeit für Kunst – für Dichtkunst, für Malkunst, für Tonkunst, für Kunst-Zeit eben. Das Wundersame an dem Raum ist: Je öfter ich ihn nutze, umso mehr Zeit habe ich für andere Dinge – ein ZeitGewinnRaum sozusagen!

Im MahlZeitRaum ist der Tisch immer reich gedeckt. Wann immer ich Hunger und Durst habe, führt mich der Weg in den MahlZeitRaum. Kein Fast Food, kein Imbiss auf die Schnelle, hier ist immer ausreichend Zeit zum Genießen und Verdauen. Für den Sommer gibt es eine kleine Nische – den EisZeitRaum – zur Erfrischung.
Im TraumZeitRaum gibt es bequeme Sessel, eine Liege, leise Musik und alles was das Herz begehrt zum Träumen! TraumZeitLiegen für Tag- und Nachtträume.

Die BeziehungsZeit verteilt sich über mehrere
ZeitRäume – gemeinsame und einsame Räume gibt
es da. Natürlich wird der MahlZeitRaum gemeinsam
genutzt, auch der KunstZeitRaum. Aber es gibt
auch getrennte BeziehungsArbeitZeitRäume, da ist
jeder für sich und nutzt seine Zeit zum Reflektieren,
Nachdenken, Ausprobieren, Studieren und Allein-
Zeit genießen.

Alle ZeitRäume sind offen, bis auf einen – den
AllZeitBereitRaum. Dieser ist vor Jahren geschlos-
sen worden und lässt sich auch nicht mehr öffnen.

Ansonsten gibt es keine Schlüssel im ZeitSchloss.

Im großen LebensZeitRaum, dem größten Raum im
ZeitSchloss, hängt eine ZeitTafel. Hier kann ich die
verschiedenen LebensAbschnittsZeiten per Video
abrufen. Je nach Stimmung schaue ich auf meine
Kindheit, die Zeit des Verliebtseins, meine Arbeits-
Zeit ... Hier wird die unendliche ZeitGeschichte
aufgezeichnet! Sekunde für Sekunde, Minuten,
Stunden, Tage, Wochen, Monate, Jahre, Jahrzehnte
– bis jetzt, bis zu dieser Sekunde.
Wer lebte nicht gerne in einem ZeitSchloss!

Strandgut

Ich träume mich ans Meer,
lausche der Brandung,
genieße die Luft der Fantasie.
Sie ist leichter, beschwingter
als die Tagesluft.

Aus der Ferne klingen Posaunen,
ich lasse meinem Ohr freien Lauf,
es schweift ab vom Rauschen des Meeres,
es folgt dem Posaunenklang bis zu einer
kleinen Dachwohnung nicht weit entfernt.

Mein Herz klopft zaghaft an die Tür,
die Tür öffnet sich langsam.

Ich erwache aus meinem Tagtraum
vom Quietschen der vorbeifahrenden
Straßenbahn.

Glasperlenspiel

Tropfen für Tropfen
Hoffen und Sehnen,
leicht und leise fallen sie,
auf fruchtbaren Seelenboden!

Lache!

Denn Lachen ist Humus
für den Seelenboden.

Im Zauberwald
der Phantasie
huschen Gedanken auf
geheimnisvolle Weise zwischen
den Bäumen hindurch,
um sich auf der Lichtung
zu finden und in eine
wundersame Geschichte mit
farbenprächtigen Bildern
zu verwandeln.

❖ ❖ ❖

Sehnen ist Sehen
mit allen Fasern des Herzens
und (noch) nicht greifen können.

❖ ❖ ❖

Heute
will ich das Leben
nicht denken, sondern leben.
Heute will ich mir Liebe
nicht vorstellen, sondern leben.
Heute will ich auch meinen Schmerz
und meine Trauer nicht wegdenken,
sondern durchleben!

❖ ❖ ❖

Lächeln ist
eine Liebeserklärung
an das Leben und heißt:
„Ich nehm' dich,
wie du bist."

© Helga Schäferling

Der Stein der Weisen
Grünspan hat er angesetzt,
der viel Beschworene, viel Zitierte.

Groß und behäbig und
schwer zu schlucken
war er schon immer.
Ein Stein des Anstoßes
ist aus ihm geworden.

Wissen gibt es mittlerweile gratis
aus dem Netz der Netze.

Die Weisen sind stiller geworden
im Lande.

Die Last der Bodenhaftung wiegt schwer.
Aber heutzutage ist das Gegenteil angesagt:
Schnelligkeit, Flexibilität, Mobilität –
da bleibt die Weisheit einfach auf der
Strecke.

Was ihn
als unverwechselbares
Individuum ausmacht,
erfährt mancher Mensch
erst auf dem Sterbebett.

Bitte umblättern!

Als ich klein war,
erfüllte mich Vertrauen
in Gott und die Welt.
Da kam ein Windstoß,
brachte Angst und Schmerz
in mein Leben und blätterte
die erste Seite um.
Das Leben schrieb viele Seiten
in mein Lebensbuch, mal schwarz
auf Weiß, dann wieder kunterbunt.
Ich wurde krank, die Seiten
schienen grau in grau.
Jedoch ich blätterte weiter
und siehe da, das Grau verwandelte
sich in Rot, in Grün, in Gold …

Die Farbvielfalt lädt mich ein,
mein Leben zu lieben und mich
von Seite zu Seite auf Fortsetzung
zu freuen. Es flüstert mir zu:
„Bitte umblättern!"

❖   ❖   ❖

Alterslos ist der Mensch,

wenn er in seiner Persönlichkeit
(für) wahr genommen wird.

Was er
zu Hause verschmähte,
besorgte er sich in fremden Nestern.

Nesthockern,
denen die Nestwärme fehlt,
wird irgendwann klar,
dass sie sich selbst
wärmen können!

Hintertürchen
offen zu halten
ist ein Sport, in dem viele
medaillenverdächtig sind.

Aus sich selbst
heraus, fehlt Manchem
der Antrieb.

Langweilig
ist der Tag für alle,
die kein Ziel haben.

Dummheit
ist nicht auszurotten.
Die Kunst ist,
Dummheit klug zu umgehen.

Mit manchen Menschen
verbinden uns mehr
die gemeinsamen Erinnerungen,
als das gegenwärtige Sein
und die Vorstellungen von der Zukunft.

❖ ❖ ❖

Nestwärme
speichert sich im Herzen
und wird zum Nährboden
für Vertrauen in das Leben.

❖ ❖ ❖

Nur wer auch
nein sagen kann, ist zu einem
Ja aus tiefstem Herzen fähig.

❖ ❖ ❖

Ideen bündeln.
Im Zusammenhalt liegt die Kraft!

❖ ❖ ❖

Achte darauf,
ob deine Aktivitäten lediglich die Zeit
ausfüllen oder ob sie dich erfüllen.

❖ ❖ ❖

(Über)Lebenskunst:
sich Menschen vom Leibe zu halten,
die geist– und herzlos sind.

ICH
akzeptiere dich so,
wie du bist.
Zum Preis nächtlichen
Zähneknirschens.

Wer
zu sich steht,
bleibt
flexibel.

„Heute
ist ein guter Tag",
dachte er, bevor er
mit dem falschen Fuß
aufstand.

Reich ist,
wem ein Lächeln reicht
als Dank.

Das, was man braucht,
kann man sich nicht kaufen:
Freundschaft, Liebe, Mut,
Träume, Glück.

Wenn ich
sein darf
wie ich bin,
kann ich mich
verändern.

❖ ❖ ❖

Ich stehe zu mir!
Zusammen
sind wir stark.

❖ ❖ ❖

Man soll
den Tag nicht
vor dem Abend
beschimpfen.

❖ ❖ ❖

Wenn die Sonne
den Regen küsst,
lächelt der Himmel
in seinen schönsten
Farben.

❖ ❖ ❖

Achtung
lässt sich erwerben,
Liebe ist ein Geschenk.

© Helga Schäferling

Allein
mit mir
bin ich nie
allein.

Wichtig zu sein
ist für Manchen ein Ziel,
wofür er Haus und Familie
opfert.

Eine unverwechselbare
Persönlichkeit zu werden,
nehmen sich viele Menschen vor.
Bei Vielen bleibt es
beim Vornehmen.

Wer auf Umwegen
zum Ziel kommt,
wird zum Ent-decker
ungeahnter Wirklichkeiten.

Im Reich
der Gedanken wische ich
den Staub der Erinnerungen fort
und ent-decke alte Schätze.

Wollen
und nicht können
ist eine bittere Erfahrung im Alter.

© Helmut Peters

Wer das Alleinsein
mit Mauern umgibt, ist einsam.

Menschen mit Humor
nehmen das Leben
- und auch sich selbst -
mit einem Augenzwinkern ernst.

Viele Menschen
verhalten sich konform
und bewundern an anderen,
wenn diese „sie selbst" sind.

Wir sollten immer
schön auf dem Teppich bleiben!
Aber wer sagt, dass wir nicht
darauf fliegen können?

Auch im Gerümpel
des Alltags ist so mancher
Schatz verborgen.

All unsere Erfahrungen
fließen in ein Gefäß,
das LEBEN heißt.

Ich fülle
den Zwischenraum mit Worten -
Taten
können warten?!

Zu verlieren
hat der nichts,
der nichts besitzt.

Fort laufend
holt mich das
Schicksal trotzdem ein.

Vom Opfer
zum Schöpfer
bedarf es nur (d)einer
Entscheidung!

Er wartete
so lange auf
den richtigen Zeitpunkt -
bis er vorbei war.

Hörst du
das Singen des Windes?

Er erzählt in seinem Lied
von der Sehnsucht nach der Ferne,
zeigt dir das Leben mit all seinen
Stürmen und Zärtlichkeiten.

Und manchmal
da hält er ganz einfach stille,
ganz so, als wolle er sich
besinnen.

❖ ❖ ❖

Reisen
überwindet Grenzen,
bringt dich auch dem Fremden
in dir näher.

❖ ❖ ❖

Meine Heilreise
führt mich durch Höhen und
Tiefen der Seelenlandschaft,
hin zu mir selbst.

© Helga Schäferling

Wachsen
und Vergehen
sind eins.

Veränderung
geschieht
von innen her -
manchmal nach einem
Anstoß von außen.

Vom Kreislauf
des Werdens und Vergehens
bekommt mancher
Kreislaufstörungen.

In den Schatten
stellen manche
ihr Licht, in der Hoffnung,
dass jemand das Licht ent-deckt
und ins rechte Licht rückt.

Weil ich weiß,
der Tod ist mir sicher,
lebe ich ganz unbesorgt!

© Helmut Peters

Vergehen
lässt Neues
ins Leben herein,

im Wandel der Zeiten
erfüllt sich das Sein.

❖ ❖ ❖

Jugend
errichtet Fassaden,
das Alter
reißt sie wieder ein.

❖ ❖ ❖

Ent-decke dich!
Welche Decke muss weg?

Decken wärmen
und schützen,
decken zu,
verhüllen.

Entdecke <u>Dich!</u>
Welche Decke muss weg?

❖ ❖ ❖

„Das Zeitliche segnen",
am besten als Lebensmotto und
nicht erst im Angesicht des Todes.

Standhaft
im Raum stehen,
auf eigenen Füßen.
Dann wird ein Schuh draus.

„Mann,
bin ich platt!",
stöhnte der Fuß.

Die Schwere
loszulassen
fällt mir nicht leicht.

Fehlen Worte
ist Entwicklung
möglich.

Ist alles möglich,
eröffnen sich einem
unzählige Wege.

© Helmut Peters

Auf die Beine kommen,
mitten im Leben steh'n,
mit ihnen kraftvoll
durch den Alltag geh'n.

Fort-Schritt vollziehen,
auch im Kopf!
Das Wissen darum
ist ein alter Zopf:

Auf die Beine kommen,
mitten im Leben steh'n
ist mehr, als nur
mit den Beinen zu geh'n.

© Helga Schäferling

Weg und Ziel

© Werner Gelhar

Auf der Straße meines Lebens

Ich sitze in meinem Auto und fahre eine Landstraße entlang, wie schon so oft vorher. Ein Tag wie jeder andere, könnte man meinen, und doch ist es diesmal anders. Etwas Ungewöhnliches liegt in der Luft. Das Ungewöhnliche, es ist nicht fassbar, nicht erklärbar, schon gar nicht irgendwo einzuordnen. Am ehesten vielleicht zu beschreiben als ein vages Gefühl, ein Gefühl ohne Hintergrund, und jeder Ursache entbehrend. Es ist einfach da und nimmt mich in Besitz.

Ich setze den Blinker und fahre ab. Verlasse die geteerte Landstraße und biege in einen Weg ein, der mir noch nie aufgefallen war und den ich auch an diesem Tag fast übersehen hätte. Im letzten Moment ist er in mein Blickfeld geraten und zieht mich magisch an. Es ist mir unmöglich, dieser Anziehungskraft zu widerstehen und so lasse ich mich auf die unausgesprochene Einladung ein, diesem Weg zu folgen. Ohne nachzudenken, einfach meinem Gefühl folgend. Der Weg ist nur so breit, wie ich für mein Fahrzeug benötige – mit einem Untergrund, der fest ist und dennoch wie ein Phantom wirkt. Eigenartig.

Nebel um mich herum, der alles unwirklich erscheinen lässt. Der Nebel verschluckt, sagt der Volksmund. Das stimmt nicht. Nebel verhüllt nur. Mit zartem Schleier. Alles taucht in ein mildes Licht, Konturen verlieren ihre Härte. Das, was vorher Orientierung gab, verschwindet in einem Nichts und ist dennoch immer noch vorhanden. Achtung, aufpassen! – Und nicht genau mit dem kollidieren, was bis jetzt wie ein sicherer Halt gewirkt und den Weg eingegrenzt hat.

Mein Blick ist konzentriert auf das gerichtet, was genau vor mir liegt. Lässt keinen Raum, zurückzuschauen – lässt auch keinen wirklichen Einblick darauf zu, was in weiterer Ferne ist.

„Bin ich es, die den Weg befährt oder werde ich von ihm geführt?" Ich kann es nicht sagen, weiß lediglich, dass es weitergeht und ich meine Gedanken möglichst ausschalten sollte. Warum? – Weil es mir die Angst sonst unmöglich macht, mich auf das Abenteuer einzulassen, und weil es genauso unmöglich ist, zu wenden und auf dem Asphalt des bisherigen Lebens weiterzufahren.

Ich weiß nicht, wie lange ich so unterwegs bin. Es kommt mir ewig lang vor und doch auch unwirklich kurz. Ein Widerspruch in sich. Die Zeit ist zeitlos geworden. Vielleicht war sie einmal so, als es noch keine Uhren gab und Sekunde für Sekunde als Nichts zerrannen. Zeit als ein Raum für sich und nicht zerstückelt in Stunden und Minuten. „Wie gerne denken wir im Rahmen von Vorher und Nachher, dabei zählt doch immer nur der Augenblick", kommt mir spontan in den Sinn. In diesem Moment jedenfalls gibt es nur das Hier und Jetzt.

Die Stimmung ändert sich, Spannung macht sich breit. In mir. Fühlt sich an, als wüsste ein Teil in mir ganz genau, was nun geschehen sollte. Und tatsächlich. So, wie der Nebel einfach auftauchte, so ist nun plötzlich alles klar. Ich sehe Felder vor mir, teils umgegraben, teils bewachsen. Manches wartet darauf, geerntet zu werden – anderes sprießt frisch aus der Erde heraus. Und über allem ein Himmel, der in verschiedene Zonen aufgeteilt ist. Strahlender Sonnenschein in einem Bereich, Regen in einem anderen.

Frühling ist erkennbar, Sommer, Herbst und Winter. Mein Blick ist gefesselt von all dem.

Nach geraumer Zeit beginnt auf den Feldern alles, sich in Bewegung zu setzen. Junge Triebe wachsen in die Höhe und tragen bald ihrerseits Früchte zum Ernten, während die alten Pflanzen bereits ihre Erträge abgegeben haben. Das Erdreich unter diesen wartet darauf, bearbeitet zu werden. Eine Zone geht in die andere über. Ein beständiges Fließen – wie auf der Erde, so auch am Firmament.

Gebannt verfolge ich das Szenario, bis wieder Ruhe einkehrt. Um mich herum und in mir eindrucksvolle Klarheit. Intuitiv erkenne ich meine Lebensstraße, die durch dieses Wachsen und Werden, durch den Wandel hindurchführt. Ich spüre, dass sie einem vorgegebenen Plan folgt und mich dorthin führt, wo ich in mir selbst zu Hause bin.

Meine Geschichte mag unwirklich erscheinen, und doch hat sie sich genauso wie beschrieben zugetragen, an einem Tag im November 2012. Ich saß an meinem Schreibtisch, die Finger lagen auf der Tastatur. Spontan schloss ich meine Augen und überließ mich für Minuten aufsteigenden Gedanken und Bildern, die durch mich hindurchflossen und meine Finger in Bewegung setzten. „Eine Phantasiereise", sagen Sie? Stimmt. Doch was sich in unserem Inneren abspielt ist in diesem Moment genauso wirklich wie das, was im Außen, in der sogenannten Realität geschieht.

Frühling

Alte verkrustete Vorstellungen
brechen auf, lassen Neues,
lassen Leben erwachen.

Neue Wege kommen uns
entgegen, öffnen ihre Arme,
uns zu empfangen.

Gehen wir! - Gehen wir?
Wir gehen!

❖ ❖ ❖

Reisende

soll man nicht aufhalten,
Ankommende nicht aussperren.

❖ ❖ ❖

Wähle

das Ziel und liebe den Weg.

❖ ❖ ❖

Intuition

ist dein innerer Kompass,
der dir die richtige Richtung weist.

❖ ❖ ❖

Auch wenn

du deinen eigenen Weg gehst,
kannst du dennoch hin und wieder
nach rechts oder links schauen.

© Helga Schäferling

Er folgte
dem Erfolg.
Folgenlos.

Wenn
der Manipulator erzählt,
höre nicht auf ihn.
Manipuliere dich selbst -
positiv!

Füße
erTragen vieles,
ohne zu murren.

Nimm deine Angst wahr.
Gib ihr aber nicht so viel Raum,
dass du dich von ihr lenken lässt.

Heilsame Worte
verbinden
über Distanzen
hinweg.

Die Wege
die wir hinter uns lassen,
können uns lehren, worauf wir bei
neuen Wegen zu achten haben.

❖ ❖ ❖

Etwas
in Angriff nehmen,
die gesunde Form der Aggression.

❖ ❖ ❖

Die Straße
des Irrtums ist mit
guten Ratschlägen gepflastert.

❖ ❖ ❖

Wenn dir etwas
Angst macht, schau genau hin,
denn oft ist es nur ein Schattenwurf
deiner eigenen Fantasie.

❖ ❖ ❖

Gute Worte
sind wie Samenkörner.
Fallen sie auf fruchtbaren Boden,
quellen sie auf und entfalten
ihre heilende Kraft.

Es ist gut,
bei sich anzufangen,
aber nicht,
dort stehenzubleiben.

Aus jeder Sackgasse
gibt es einen Weg
zurück.

Wer
auf der Stelle tritt,
kommt nicht vom Fleck.

Der eine
sucht Nähe, der andere
sucht das Weite.

Die Seele
baumeln zu lassen,
will gelernt sein.

Stille ertragen
fällt leichter nach
lauten Erfahrungen.

© Helmut Peters

Mach dich
auf den Weg, damit du
bei dir ankommen kannst!

❖ ❖ ❖

Eigene Grenzen überwinden,
hinauswachsen aus sich selbst.

❖ ❖ ❖

Lass dich
von Frost– und Frustzeiten
nicht davon abhalten,
an dein Blühen zu glauben.

❖ ❖ ❖

Frieden
entsteht nicht nur durch ein
harmonisches Miteinander,
sondern auch dadurch, dass man
sich rechtzeitig aus dem Weg geht.

❖ ❖ ❖

Auszeiten
sind ein Jungbrunnen für die Seele.

❖ ❖ ❖

Ruhe lässt sich
auch in der Bewegung finden.

© Helga Schäferling

Zum Zuge
kommt, wer den
Bahnhof findet.

Wenn jeder
auf den anderen wartet,
wartet jeder vergebens.

Reif
für die Insel zu sein,
bedarf es wenig,
wenn man Inseln liebt.

Wenn die Nachfrage
das Angebot regelt,
höre ich lieber auf zu fragen,
dann bleibt das Angebot frei!

Ziel und Prozess
sind zwei Gegenspieler -
wer ein Ziel hat,
hat den Prozess
noch nicht gewonnen!

Wenn das Ziel
im Weg ist,
ist man zu weit gegangen.

Bist du
auf dem Weg oder lediglich unterwegs?

Du kannst dich
drehen und wenden wie du willst,
du landest immer bei dir selbst.

Manchmal
musst du den Verstand ausschalten,
damit die Beweglichkeit deiner Seele
erhalten bleibt.

Im Meer
der Möglichkeiten
kann auch der beste Kapitän
einen guten Lotsen brauchen.

Wer sich
auf Vorschusslorbeeren ausruht,
wird nie den Lorbeerkranz erringen.

Fortschritt
kann durchaus darin bestehen,
einen Schritt zurückzutreten.

© Helga Schäferling

Leichter
leben lernen?
Ein Ziel! Auf geht's.

Willige Helfer
findet der,
der selbst willig ist.

Um sein Ziel
zu erreichen, ist es hilfreich,
im Geiste schon mal
da gewesen zu sein.

Umsetzung
ist das Schlüsselwort
für Veränderung!

Wenn jeder mit
sich selbst beschäftigt ist,
ist jeder beschäftigt.

5G-Ausbau?!
Brauche ich nicht! Mein analoges 5G-Netz:

Gelassenheit, **G**eduld, **G**esundheit, **G**eld,
Ganzjahresreifen.

Der Weg ist das Ziel,
doch ein bisschen ankommen
- so zwischendurch - ist auch nicht schlecht.

❖ ❖ ❖

Die Wegstrecke,
die du zurückgelegt hast,
musst du von dem Punkt aus berechnen,
von dem du gestartet bist.

❖ ❖ ❖

Frau Möchte
kommt mit Herrn Will
viel schneller ans Ziel!

❖ ❖ ❖

Der Weg zum Erfolg
ist mit Leidenschaft und Ausdauer gepflastert.

❖ ❖ ❖

Mangelnde Dynamik
braucht Begeisterungsstürme,
damit Schwung in die Sache kommt!

❖ ❖ ❖

Geduld
und Leidensfähigkeit helfen durch manche
Durststrecke hindurch.

© Helga Schäferling

Geliebt zu sein
ist das ultimative Ziel jedes
menschlichen Wesens.
Aber nicht jeder erreicht es.

Fällt auch
der Schutzschild ab,
öffnen sich neue Horizonte
für Mutige.

Ohne Druck
gelingt Vieles besser.
Aber hin und wieder ist
Druck der notwendige Antrieb.

Ernst gemeint
war seine Ankündigung, sich ab sofort
nur noch um sich selbst zu kümmern.
Aber er hat nie Ernst gemacht.

Der Auftakt
zum Neuanfang ist umso effektiver,
je weniger Paukenschlag mit ihm
verbunden ist.

© Helmut Peters

Ein Herz
geht auf die Reise,
es macht sich auf und ist ganz leise.

Es kennt den Weg, kennt ihn genau!
Wünscht sich nur eins und das ist: „Vertrau".

Geh mit, wohin dein Herz dich führt
und wo es das Feuer der Leidenschaft schürt.

Verbrannt werden Zweifel, verbrannt wird die Angst,
die Leidenschaft trägt, bis ans Ziel du gelangst.

Und angekommen erkennst du gebannt:
„Mein Herz hat das Ziel schon immer gekannt."

❖ ❖ ❖

Du musst
kein anderer Mensch werden,
um auf dem Weg
zu deinem Ziel voranzukommen.
Entdecke das Potenzial,
das in deinem „So bin ich" steckt
und nutze es!

❖ ❖ ❖

Die Leichtigkeit
lebt davon, dass wir dem Leben vertrauen.

❖ ❖ ❖

Du musst
das Rad nicht neu erfinden,
um etwas in Bewegung zu bringen.

© Helga Schäferling

Er war
ständig auf der Flucht.
Deswegen kam er nie
bei sich an.

Ermutige
auch Andere, ihren eigenen
Weg zu gehen. Ermutigung
multipliziert Mut.

Wenn ich
einen Standpunkt habe,
spüre ich den Boden
unter meinen Füßen.

Wenn du dich
treiben lässt,
bist du ein Getriebener.

Wer keine Spur
erkennen lässt,
hinterlässt zumindest auch
keine Kriechspur.

Er himmelte
sie an. Sie holte ihn
auf den Boden der Tatsachen
zurück.

Viele von uns
sind mehr in der Welt
als in sich selbst
zu Hause.

Veränderung
hat den Wind der Vorfreude im Rücken
oder die Angst als Gegenwind im Gesicht.

Es gibt einen Horizont,
den DU erweitern kannst:
deinen eigenen.

Der eine lässt
sich treiben - der andere
fühlt sich getragen.
Welch himmelweiter Unterschied!

Schon mancher
ist auf seiner eigenen Schleimspur
ins Schlingern geraten.

Ent-Täuschung:
Das Trugbild weicht der Realität.

In Kontakt mit mir
bleibe ich
in Bewegung stabil.

Die Einstellung,
im Fluss des Lebens zu sein,
gibt neuen Lebensmut.

Nestwarme Gedankenfetzen
fliegen in die weite Ferne,
weg, weit weg, von der
zerbrochenen Realität.

Blicke
zurück
nach vorne.

Um das eigene
Können unter Beweis zu stellen,
bedarf es Mut und Tat.

Ich treffe keine Entscheidung.
Die Entscheidung trifft mich.
Unvorbereitet.

Der Lebensweg

führt uns in die Weite.
Je weiter wir ihn gehen,
desto näher kommen wir zu uns selbst.
Die Wege, die wir mit Bewusstheit gehen,
sind Wege zum Ich.

❖ ❖ ❖

Warum kann ich nicht fliegen?

Schweben, ohne anzuhalten,
mit Überblick mein Ziel gestalten,

einfach wie die Vögel reisen
und manch Ärgernis besch...!

Könnt' ich doch fliegen...

❖ ❖ ❖

Ich muss mir nichts beweisen,

bin mir selbst Beweis genug.
Nicht immer, aber immer öfter.

❖ ❖ ❖

Entscheidungen,

die ständig hinterfragt werden,
sind keine echten Entscheidungen.

Zeit und Raum

Adé

Ganz langsam und fast unbemerkt verließ die Erde
die Menschen durch die Hintertür.

Schon lange hatte sie den letzten Fluchtweg
geplant, ihre Flucht vorbereitet.

Von weitem und für ungeschulte Augen sah es so
aus, als schiebe sich eine Wolke langsam durch
eine halb geöffnete Tür.
Aber tatsächlich löste sich die Erde auf, unauf-
haltsam, in Zeitlupe und mit ihr alles Leben - alles
wurde immer blasser und blasser.

Wissenschaftler hatten sofort Erklärungen parat
- Phantombilder seien das, das Ozonloch sei
schuld, an dieser Behauptung hielten sie fest - bis
zum Schluss, bis sie selbst aufgelöst waren.

Die Psychologen glaubten an eine Massen-
Psychose, die Umweltschützer witterten die lang
prophezeite Klimakatastrophe, vor der sie schon
immer gewarnt hatten. Jeder gab dem anderen
Schuld und glaubte sich im Recht. Aber auch sie
lösten sich auf – ins Nichts – wie die liebe Erde, die
viel Geschundene.

Allein die Astrologen, die Esoteriker, die Irren und
die Gaukler waren guter Laune und feierten ein
großes Fest – sie hatten es von Anfang an gewusst
– aber ihnen hatte ja niemand geglaubt.

Im Bewusstsein der Wahrheit hatten sie ihren
Spaß, lösten sich auf und verflüchtigten sich.

Vor dem Aufbruch
öffne ich das große Zeitfenster,
atme tief die frische Luft.

Fühle im Hier und Jetzt
die Gegenwart der Vergangenheit,
schließe die Augen,
erblicke Streiflichter der Zukunft.

Ich genieße die Aussicht,
nehme noch einen tiefen Zug
frischer Gegenwartsluft auf,
schließe das Zeitfenster und
mache mich auf den Weg.

© Helmut Peters

Ankommen im Tag
Nach dem Aufstehen
einen Moment innehalten,
die Füße bewusst
auf dem Boden spüren,
sich im beginnenden Tag verankern.

Ein Lächeln, das nach Innen geht,
„danke" sagen.

Danke, dass ich leben darf,
danke, dass ich hier an meinem
Platz sein darf.

© Helga Schäferling

Egal
wohin ich auch fahre,
ich nehme mich - immer - mit.
Von wegen:
„Flucht kann nur das Leben heißen."

Sparen
in der Not,
kannst du dir
sparen.

Vertreibe nicht
die Zeit - genieße sie!

Zeitraffer
Schnell lebig
schnell tödlich!

Es gab Zeiten,
da hatte ich
die besten Kontakte
in der WG
zu meinem Tagebuch!

Ich bin
Teilzeitschriftsteller,
ohne tarifliche Absicherung!

© Helmut Peters

Wie willst du
bei dir ankommen,
wenn du ständig unterwegs bist?

❖ ❖ ❖

Wenn du nicht
warten kannst, musst du
unreife Früchte ernten.

❖ ❖ ❖

Manchmal
kommt der Durchbruch
ganz unerwartet!

❖ ❖ ❖

Gestaltete Zeit
anstatt verwalteter Zeit
ist umarmte Zeit.

❖ ❖ ❖

Der Tag legt sich
dir zu Füßen. Gehe sorgsam
mit ihm um und trample nicht
auf ihm herum.

❖ ❖ ❖

Die Seele labt sich
am Nektar der Freundschaft.

❖ ❖ ❖

Ich bin
eine Frau und dennoch
Herr meiner selbst.

© Helga Schäferling

Frühstückszeit
Die Kaffeemaschine
rotzt das letzte Wasser
in den Filter.

Der Toaster schmeißt
mit heißen Scheiben
um sich.

Essbarer Kühlschrankinhalt
türmt sich auf
rundem Tablett.

Der Eierkocher schreit:
Frühstückszeit!

Wer
auf der Höhe der Zeit
bleiben will,
muss sich oft
ganz schön nach der
Decke strecken!

Die Zeit
der Sklaverei
ist lange vorbei.
Heute versklaven sich
die Menschen selbst,
mit der Zeit!

© Helmut Peters

Einfach mal so
den Tag einschalten,
Augenblicke gestalten.

Einfach mal so
Gedanken spazieren führen,
Unberührtes berühren.

Einfach mal so
ein Lächeln verschicken,
graue Momente wegklicken.

Einfach mal so?
Einfach mal so.

❖ ❖ ❖

Um als genial
gefeiert zu werden, braucht es die
Mittelmäßigkeit der Bewunderer.

❖ ❖ ❖

Manche Menschen
fühlen sich verbraucht,
weil sie ständig benutzt werden.

❖ ❖ ❖

„Keine Luft",
japste er und bemerkte nicht,
dass er selbst das Korsett des Alltags
zu fest geschnürt hatte.

© Helga Schäferling

Minuten
stunden
Sekunden
keine Zeit!

Der Zug
der Zeit hat
niemals Verspätung!

ZwischenRaumUndZeit
Im Zwischenraum, im Zwischenraum,
da gibt es Kunst,
man glaubt es kaum!

Ich fülle den Zwischenraum.

Die innere Uhr
geht nie vor oder nach,
im Sommer wie im Winter,
und bleibt erst
mit dem Tod stehen.

★ ★ ★

Winterzeit, Sommerzeit?
Für mich zählt die
L e b e n s z e i t !

© Helmut Peters

Zeit
ist der Topf, in dem wir unsere
Alltagssüppchen kochen.

❖ ❖ ❖

Im Nu
ist der Moment verschwunden
im Sammelbecken von Minuten
und Stunden,

fließt mit jeder Ziffernwende
hin bis zu des Tages Ende.

Gelingt es dir zuweilen,
im Augenblick zu verweilen,

dann bist du präsent in Raum und Zeit,
lebst mit Bewusstheit und mit Achtsamkeit.

❖ ❖ ❖

Manchmal
ticke ich nicht ganz richtig,
gehe vor oder auch mal nach.
Im Mittel aber, da bin ich stets
auf der richtigen Zeitschiene!

❖ ❖ ❖

Unsere Endlichkeit
zupft von Jahr zu Jahr mehr
an unseren Ohrläppchen.

❖ ❖ ❖

Nur wer sich dem Leben
öffnet, kann sich zu voller Blüte entfalten.

Komisch,
wenn du weg bist, ist es,
als wärst du schon
vor einer Ewigkeit gegangen.

Wenn du aber wieder da bist,
ist es, als wärst du nie
weggewesen.

Wenn Welten
zusammenbrechen wie Kartenhäuser
und Tränen fließen wie reißende Flüsse,
kommt eine neue Sonne, die die Flüsse
trocknet und neue Welten
zum Leben erweckt.

Deine blauen AugenBlicke
betäuben meine Sinne
- gut auch - sonst würden mir diese
nur wieder einen Strich durch
die Rechnung machen.

Spurlos verschwunden?
Meiner Seele auf der Spur
hinterlasse ich Spuren.

Erleichtert

ging er weiter, seiner
schwergewichtigen Illusionen
beraubt.

❖ ❖ ❖

Manchmal muss man

sich voneinander entfernen,
um zueinander zu finden.

❖ ❖ ❖

Kommt dir dein Leben

wüst und öd vor - denk daran:
Auch die Wüste lebt und bringt
nach einem Regen ein Wunderwerk
der prachtvollsten Blüten hervor!

❖ ❖ ❖

Zwei Augenpaare,

die ineinander tauchen, ein kleines Lächeln.
Das Gefühl der Nähe, der Verbundenheit,
in diesem einen Moment der Ewigkeit.

❖ ❖ ❖

Gesucht und gefunden,

dich in mir und mich in dir.

❖ ❖ ❖

Wie das Leben

seine Spuren in uns eingräbt,
so hinterlassen auch wir
Spuren im Leben.

Heute Nacht
ist mir ein Irrlicht
aufgegangen.

Auf der Suche
nach Klarheit verloren sich meine
Gedanken in archaischen Gehirnwindungen.

Durchblicken
ist besser als durchklicken,
im Internet.

Alles gewinnbringend zu nutzen
war stets sein Streben,
egal ob nach Geld, Menschen
oder Schnäppchen.

KlarHeit ist
überLebenswichtig -
verschwommenes Wahrnehmen
ist nur manchmal hilfreich.

Klarheit versus Verworrenheit:
Er ruhte sich in der
Alles-ist-so-verworren-Hängematte aus.

Mir ist
ein Licht aufgegangen!
Bin ich jetzt eine Leuchte?

❖ ❖ ❖

Erleuchtet
wäre ich nur zu gerne,
doch oftmals stehe ich sogar
meinem eigenen Licht im Wege.

❖ ❖ ❖

Mit dem richtigen Durchblick
ist es bis zur Einsicht nicht weit.

❖ ❖ ❖

Mit Schnäppchenjägern
muss auch im zwischenmenschlichen
Bereich rechnen, wer „billig" daherkommt.

❖ ❖ ❖

Es ist immer wieder
eine Gratwanderung, sich nicht zu wichtig,
aber doch wichtig genug zu nehmen.

❖ ❖ ❖

Wie ein Schleier
legen sich trübe Gedanken über die
Klarheit meines Herzens.

Ein klares Ja und ein klares Nein
sorgen für innere Ordnung.

© Helga Schäferling

Der vegetarische Dialog:

„Du hast einen festen Platz
in meinem Artischockenherzen!"
„Das interessiert mich
nicht die Bohne."

Neun Monate

nach der Gedankenübertragung
gebar er eine fantastische Idee!

VorDenken

ist besser als
nachher denken.

Schattenspiele

Ich bin dem Schatten auf der Spur.
Aber kaum zerre ich ihn
an das Licht der Öffentlichkeit,
ist er weg - verschwunden hinter
einem seidenen Vorhang.

Der Mut,

sich dem Schatten zu stellen,
erleuchtet.

Was soll das?
Vegetarisch anbandeln wollen
und doch die Fleischeslust
im Hinterkopf haben!

❖ ❖ ❖

Geschwängert von Visionen
macht sich das Heute auf den Weg
ins Morgen.

❖ ❖ ❖

Achtung!
Auch Vordenker
denken nach!

❖ ❖ ❖

Im Dunkeln
kann sich alles verbergen,
nur nicht das Licht.

❖ ❖ ❖

Aus der Dunkelheit
heraus ein Leuchten.
Der Tag ist es, der das Licht
verbirgt, nicht die Nacht.

❖ ❖ ❖

Das Licht im
Schatten ist zum Greifen nah.

© Helga Schäferling

Klares Handeln

setzt klare Gedanken
voraus.

Keinen Platz

in unserer Gesellschaft hat der
scheinbar Unscheinbare. Was zählt
sind Glimmer, Glanz und Quote.

Im Mittelpunkt

steht nicht immer der,
der es verdient hat.

Zum Trauern

lässt sich mancher
keine Zeit.

Vorprogrammiert

machen sich Gedanken auf
einen zerstörerischen Weg durch
archaische Gehirnwindungen.

Die ultimative Aufforderung

zur Einstellung des Denkens:
Ge(h)Hirn.

Klarheit
lässt tief blicken.

❖ ❖ ❖

Verklärung lässt
über Klarheit rosa Wölkchen
schweben.

❖ ❖ ❖

Lass nicht zu,
dass jemand neben dir
ein Schattendasein führt.

❖ ❖ ❖

Nicht wahrgenommen
zu werden vermittelt
ein Gefühl der Nichtexistenz.

❖ ❖ ❖

Der Grad der Trauer
lässt sich nicht an der Anzahl
der vergossenen Tränen ablesen.

❖ ❖ ❖

Aus einer Mücke
einen Elefanten zu machen ist
ein Kinderspiel. Die Rückverwandlung
gestaltet sich um einiges schwieriger.

❖ ❖ ❖

Gedanken lieben das Reisen.

Der Zeitgeist
spinnt sein feines Netz
in allen Medien.
Menschen verfangen sich darin.

Wird auf das Tor
zu unserem Selbst
geschossen,
bleibt es für lange Zeit
geschlossen.

Gebraucht zu werden
kann ein schönes Gefühl
aber auch eine Last sein.

Sorry, liebe Leute,
ich kann nicht
überall gleichzeitig sein.
Euer Chaos.

Das Ziel
klar vor Augen rannte
sie gegen eine
unsichtbare Mauer des
Schweigens.

© Helmut Peters

Diktate

des Zeitgeistes sind
auf ihr Verfalldatum hin
zu überprüfen.

❖ ❖ ❖

Wenn ich

meine Grenzen nicht achte,
warum sollten es andere tun?

❖ ❖ ❖

Ich kann dir

im Moment nicht helfen,
zurzeit brauche ich mich selber.

❖ ❖ ❖

Das Genie

kann im Chaos Ordnung erkennen.
Ich bin das größere Genie: Ich kann
aus jeder Ordnung Chaos schaffen.

❖ ❖ ❖

Aus dem Schweigen

aufgetaucht, stehen Worte im Raum
mal als Segen, mal als Fluch,
mal einfach so dahingesagt ...
und kehren ins Schweigen zurück.
Das Schweigen
wird jedoch nie mehr
dasselbe sein.

DAS LEBEN an und für sich

und im
Besonderen ...

Zwei kleine Wörter

Es waren einmal zwei kleine Worte. Das eine hieß
JA und das andere NEIN. Gemeinsam hatten sie,
dass sie zwar nur ganz wenige Buchstaben in sich
trugen, dass es jedoch keine klarere Aussagekraft
gab als JA oder NEIN. Man sollte es zumindest
meinen. Doch ist es wirklich so? Spüren wir in uns
hinein: Wie oft sagen wir JA und meinen NEIN?
Zum Beispiel, wenn uns jemand um Unterstützung
bittet und wir eigentlich andere Pläne haben. Es
gibt genug Menschen, denen es ungeheuer schwer
fällt, auch einmal NEIN zu sagen. Dabei hat auch
dieses Wort eine große Wichtigkeit.
Von dieser Erkenntnis war unser JA jedoch weit
entfernt!
Mit stolz geschwellter Brust marschierte es durch
die Wörterwelt, und sah überheblich auf manch
anderes Wort herab. Besonders auf seinen Gegen-
spieler, auf das NEIN.
„Ich bin das JA und ganz besonders wichtig", tönte
es aus seinem Mund.
Wer außer ihm konnte schon von sich behaupten,
mit nur zwei kleinen Buchstaben so viel Freude in
das Gesicht von Menschen zaubern zu können!
Denkt doch nur mal an den verklärten Blick von
zwei Liebenden, die sich vor dem Traualtar das
JA-Wort geben! Oder an die Zufriedenheit, die
spürbar ist, wenn eine Bitte an jemanden gerichtet
wird und dann mit einem JA erfüllt wird.

Noch viele Beispiele fügte das kleine Wörtchen JA
für sich an und sonnte sich in seinem eigenen
Glanze.
Ihr könnt Euch sicher vorstellen, dass diese Arro-
ganz dem kleinen Wörtchen NEIN nicht sonderlich
behagte. Am Anfang schmunzelte es durchaus noch
über diese Staralüren!

Mit der Zeit jedoch begann sich immer mehr Unmut zu regen. Und eines Tages konnte es sich nicht mehr beherrschen. „Was bildest du dir eigentlich ein? Es mag ja sein, dass mit einem JA viel Glück beschieden sein kann. Aber hast du auch schon bemerkt, wie viel Unheil damit angerichtet wird? Mancher Krieg hätte vermieden werden können, wenn die Menschen ein klares NEIN zu Gewalt und Unrecht gesprochen hätten.

Oder sieh dir diesen jungen Mann an. Wie oft hat er JA gesagt, wenn er um etwas gebeten wurde? Er hat JA gesagt, die anderen waren zufrieden. Und er selbst? Viele Dinge hat er gemacht, die er eigentlich gar nicht wollte und ist oftmals über seine Kräfte gegangen. Wie kannst du da so überheblich sein?"

Das kleine JA wurde nachdenklich.Von dieser Seite hatte es das Geschehen noch nie betrachtet. Und es erkannte: Beide Wörter konnten im Guten wie im Schlechten eingesetzt werden und beide hatten ihre Berechtigung. Wichtig ist, dass der Mensch hinter dem Wort steht, das er spricht und dass sowohl ein JA als auch ein NEIN mit Bewusstheit und Klarheit erfüllt ist.

Sag JA auch zum NEIN!

Die Zeit der Unschuld
ist vorbei. Niemand anderes als ich selbst ist für
mein Leben verantwortlich.

Kunst der Wahrnehmung:
Das Leben bietet
jeden Tag Chancen.
Nimm sie wahr und ergreife sie.

Das Leben
ist kein Spiel -
man kann nicht die
← Rückgängig-Taste drücken!

„Ich will
nicht kämpfen, sondern leben!",
schrie die Schnecke
und biss sich durch den Salat.

★ ★ ★

Die Einstellung,
im Fluss des Lebens zu sein,
gibt (neuen) Lebensmut.

SelbstVerantwortung heißt,
die Antworten auf die wichtigsten Fragen
in meinem Leben trage ich in mir selbst.

❖ ❖ ❖

Im Alltagseintopf
finden wir
Nährendes und Lehrendes,
gewürzt mit dem Salz
der Emotionen.

❖ ❖ ❖

Deine Lebensmelodie
kannst du nicht im Playback-Verfahren
einspielen, sie ist immer eine
Live-Inszenierung.

❖ ❖ ❖

Versuche nicht,
harte Nüsse zu knacken,
wenn dir die Bissfestigkeit fehlt.

❖ ❖ ❖

„Alles wird gut"
beinhaltet die bedingungslose Annahme
eines Ergebnisses, auch wenn (noch) nicht
erkennbar ist, was daran gut sein soll.

Freiheit

Da ist er wieder,
der große Vogel Fantasie,
der Totgeglaubte, der lang Ersehnte.

Er singt wieder und schwebt
in die Lüfte meiner Gedanken.

Der Unzähmbare ist gewachsen
in der Zeit seiner Abwesenheit
und noch schöner geworden ist er
in der Unabhängigkeit.

Nie wieder werde ich versuchen,
dich einzufangen! Ich schwör's dir,
du Vogel der Freiheit.

Mein Nest ist immer bereit für dich
in meinem Kopf, du weißt.
Du allein bestimmst die Dauer
deines Aufenthalts und den
Zeitpunkt deiner Rückkehr.

Mein Vertrauen wächst mit
deinen Flügeln!

© Helmut Peters

Du kannst
die Welt nicht aus den Angeln heben,
aber die Tür zu deiner inneren Freiheit.

❖ ❖ ❖

Was für den
einen ein Käfig, ist für den anderen
ein sicherer Hort.

❖ ❖ ❖

Vertrauen ist
das tragende Element der Gelassenheit.

❖ ❖ ❖

Ich träume mir
eine Welt, in der die Liebe lebt.
In der sich das Lächeln der Blumen
in den Gesichtern der Menschen
widerspiegelt und jeder Tautropfen
ein Zeichen ist, dass der Eisblock,
in dem viele Menschen gefangen sind,
zu schmelzen beginnt.

❖ ❖ ❖

Lasst uns
Luftschlösser bauen, damit unsere
Träume Platz haben, darin zu wohnen.

Wer nicht verwurzelt ist,
verliert den Boden
unter den Füßen.

In Ruhe lassen
Die Seele baumeln   lassen
Den Gedanken freien Lauf   lassen
Los   lassen
Stille zu   lassen.

Begegnung
auf Augenhöhe
ist unabhängig
von der Körpergröße.

Begegnungen
im Internet verlieren an Tiefe
und nehmen an Breite zu.

Wer sich
verausgabt,
hat ein Defizit.

© Helmut Peters

Gutes Verwurzeltsein heißt:
„Ich bin im Leben zu Hause."

Manchmal
möchte ich einfach in Ruhe gelassen
werden, damit ich in Ruhe gelassen
sein kann.

Es ist schon eigenartig,
dass wir selbst beim Loslassen noch
meinen, wir müssten etwas leisten.

Manche kleinen Menschen
haben eine beachtliche (innere) Größe.

Begegnungen
wünschen sich ein Gegenüber
und keinen Gegner.

Wer mehr gibt als er hat,
ist sich selbst etwas schuldig.

Wer zu kurz kommt,
macht ein langes Gesicht.

Im Meer
der Gedankenlosigkeit
dümpeln viele Bootsmänner
mit wenig Grips im Hirn
und viel PS im Bordmotor,
die einfach nur Spaß haben wollen.

Erwartungsvolle Spannung
in der Luft
drängt wahre Schönheit
ins hinterste Regal.

Negative
Gedanken betonieren
negative Zustände!

Konsequenter leben
im nächsten Leben,
das schwor er sich
auf dem Totenbett.

Träume zu leben
ist eine bewusste Entscheidung,
wenn man sich die Freiheit dazu nimmt.

GedankenLos:
manchmal ein Glückstreffer,
oftmals eine Niete.

❖ ❖ ❖

Ein Flachmann
ist geistvoller als so mancher Hohlkopf.

❖ ❖ ❖

Erwartungen
sind Wünsche mit Anspruchshaltung.

❖ ❖ ❖

Gesundes Denken
verbindet die Realität
mit positiven Möglichkeiten.

❖ ❖ ❖

Und wenn nach
dem Sterben nichts mehr kommt?
Dann hast du immerhin gelebt.
Dich gelebt?

❖ ❖ ❖

Zu werden, wer wir sind,
ist Lebensziel und Lebenssinn zugleich.

❖ ❖ ❖

Wünsche an das Leben:
Lass sie los, damit in deinem Herzen
Platz ist für ihre Erfüllung.

„Nacht"
brummte er, drehte sich um
und schnarchte.
Tolle Nacht, dachte sie,
stand auf und ging.

✻ ✻ ✻

Ich werfe
deinen VorWurf zurück.
Du kommst mit einem
blauen Auge davon.

✻ ✻ ✻

Dein AugenBlick
erwärmte mein Herz.
Wir wärmten uns Körper an Körper.
Das Feuer der Leidenschaft war entfacht.
Jetzt stehen wir mit verbrannten Gliedern
am Scheiterhaufen unserer Liebe.

✻ ✻ ✻

Wenn heimliche
Liebe in unheimliche Liebe
umschlägt, wird mir
angst und bange!

✻ ✻ ✻

Wo schweigende Worte
in beredtes Schweigen übergehen,
da fängt die Liebe an.

Sie war
hin und weg von ihm:
Erst ging sie hin, dann ganz schnell weg.

❖ ❖ ❖

Explosive Mischungen
in Beziehungen sind immer wieder
für Knalleffekte gut.

❖ ❖ ❖

Erst flogen
die Funken und dann die Fetzen!

❖ ❖ ❖

Tanz mich, Klang des Lebens!

Mit jedem Ton will ich dich spüren,
will mich ganz in dir verlieren.

Ich will dich atmen, will dich trinken,
in deiner Farbenflut versinken!

Will dir lauschen, will dich singen,
auf deinen Wellen durchs Leben schwingen,

mich in deine Arme schmiegen
und in deinem Rhythmus wiegen.

Tanz mich, verführ mich mit deinem Lied!
Mit den Klängen, die die Liebe schrieb.

© Helga Schäferling

Farbrausch
Ich suche weiß
und denke schwarz.

Das Licht ist
un-begreiflich nah.

Ich stürze ins Rot,
mir wird schwarz vor Augen.

Hänge blassblauen Gedanken nach,
die sich in der Zukunft verlieren.

Nicht denken befreit!
Wer denkt,
lebt unbequem!

Gedanken
aus dem Automaten!
Ein Gedanke für zwei Euro!

Ich bin flüssig
an Gedanken.
Nicht an Geld!

Schwarz-Weiß-Denken

fehlt die Wärme der Herzensfarben.

❖ ❖ ❖

Gedanken

flattern im Wind der Zeit.
Momente der Besinnlichkeit
bringen innere Ruhe.

❖ ❖ ❖

Denken bedeutet Risiko.

Du riskierst, dass einige
deiner Weltanschauungen
über den Haufen geworfen werden!

❖ ❖ ❖

Wenn meine Gedanken

Flügel bekommen, verwandeln sie sich
in einen Schmetterling.

Sie streifen alles ab,
was sie in ihrem bisherigen Dasein
als Enge erlebten

und öffnen sich für ein inneres Wissen,
das sie fortan tragen soll.

Wenn meine Gedanken Flügel bekommen,
werde ich mit ihnen neu geboren.

© Helga Schäferling

BaumTraum
Bodenstämmig
tief verwurzelt
meterhohe Selbstverständlichkeit
ohne Imponiergehabe!

Du hast das Loslassen gelernt -
jeden Herbst, jeden Winter
weinst du keinem Blatt
eine Träne nach.

Nirgends zieht es dich hin.
Nicht ständig auf der Flucht
bietest du Zuflucht
den Ängstlichen
den Liebenden
den Wanderern.

So viele hast du schon
gesehen, manchen gespürt,
manchem Kraft gegeben.

Ich bin
durch dich
und mit dir
gewachsen.

Du
bist mein Ein und Alles!
Wie, mehr hab ich nicht?

© Helmut Peters

Verwurzelt im Leben,
genährt aus der Tiefe,
aus einer unsichtbaren Quelle.

❖ ❖ ❖

Der alte Baum
Stumm erzählst du mir deine Geschichte
und nur das Ohr meiner Achtsamkeit
vermag es, deinen Tönen zu lauschen.

Ich danke dir, mein Baum, für all
die Weisheit, die du mich erahnen lässt.

❖ ❖ ❖

In einer guten Beziehung
können beide Partner auftanken.
Liebe ist, miteinander zu wachsen.

❖ ❖ ❖

Der Versuchung
erlegen und in sich gegangen.
Alles in Frage gestellt, vielleicht
auch nur die Antwort verlegt?

❖ ❖ ❖

Kopfkino.
Nicht immer ist der Film gut,
der läuft!

„Ich bin",
sprach das Vorurteil
und ließ sich nicht mehr
wegdenken.

Sich auf
tiefere Wertigkeiten einzulassen,
erfordert den Mut zur EntDeckung
liebgewordener Gewohnheiten.

Sorgen
werden von Entsorgungsunternehmen
nicht entsorgt.

Gemacht wird viel -
Richtiges und Falsches.
Ob richtig oder falsch falsch ist,
ist eine Frage der Bewertung.

Ein Perspektivwechsel
gelingt dem, der mit seinem runden Kopf
um die Ecke denken kann.

Zwischen
Tür und Angel
verbringt mancher
sein ganzes Leben.

Die Spannweite
der Toleranz reicht oft nicht mal
von einer Haustüre bis zur
nächsten.

❖ ❖ ❖

Gewohnheiten:
Mehr oder weniger gemütliche
Wohneinheiten der Bequemlichkeit.

❖ ❖ ❖

Eingemacht zu werden
ist das Los vieler Probleme und
bedeutet Konservierung statt Lösung.

❖ ❖ ❖

Am meisten
machen wir falsch, wenn wir
alles richtig machen wollen.

❖ ❖ ❖

Meinungsänderung
ist ein Umbau im Oberstübchen.

❖ ❖ ❖

Das Leben klopft an,
lass es ein!

© Helga Schäferling

NachWort

Unsere Lebensreise mit Weg und Ziel durch Zeit und Raum erzählt vom Leben an und für sich und im Besonderen. Liebe Leserin, lieber Leser, Sie haben uns nun begleitet und an unseren Erfahrungen teilgenommen. Wie sieht es mit Ihrem eigenen Lebensweg aus? Vielleicht können Ihnen manche unserer Gedanken Anstoß geben, Ihren bisherigen Weg zu reflektieren und sich bewusst auf die weiteren Wegstrecken einzulassen.

Uns (Helmut Peters/Helga Schäferling) hilft das Schreiben dabei, Gedanken zu fokussieren und das eine oder andere klarer zu sehen. Geht es Ihnen ähnlich? Unsere Anregung: Lassen Sie Texte, die besondere Resonanz in Ihnen erzeugen, nachwirken. Schreiben kann dabei hilfreich sein.

Alles Gute für
Ihren Lebensweg!

Bio-/bibliografische Angaben:

Helga Schäferling (Soz.päd. grad.)
Jahrgang 1957, wohnhaft in Donauwörth
Verheiratet, 2 erwachsene Söhne
4 Enkelkinder (Stand 2021)

Bisherige Publikationen:

2002 „Kleine Nothelfer für die Psyche",
ein Brevier (nicht nur) für Krebspatienten

2004 „denken zwischen gedanken, nicht ohne
hintergedanken" zusammen mit Helmut Peters,
Athena-Verlag

2009 „Chakrade" (Immerwährendes Kalendarium
zugunsten der „Gesellschaft für Biologische Krebs-
abwehr" zusammen mit Dr. Ebo Rau

Zahlreiche Texte sind in Kalendarien und Ge-
schenkbüchern sowie auf diversen Internetseiten
veröffentlicht, z.B. bei www.aphorismen.de und bei
www.zitante.de

Homepage: www.helgas-gedankenwelt.de

Bio-/bibliografische Angaben:

Helmut Peters
(Sparkassenbetriebswirt/ Schuldnerberater)
Jahrgang 1950, wohnhaft in Recklinghausen
verheiratet, 2 erwachsene Söhne
Keine Enkelkinder (Stand 2021)

Bisherige Publikationen:

1999 „Nichts ist, was ist", Athena-Verlag

2004 „denken zwischen gedanken, nicht ohne
hintergedanken", zusammen mit Helga Schäfer-
ling, Athena-Verlag

2009 „VerMUTungen, Gedanken und Aphoris-
men", Universitätsverlag Brockmeyer

2015 „Der Mensch an und für sich und im
Besonderen, Gedanken, Bilder, Aphorismen",
zusammen mit Thomas Häntsch,
Universitätsverlag Brockmeyer

Veröffentlichungen in diversen Anthologien,
Büchern, Zeitschriften und regelmäßig im jährlich
erscheinenden Kalender des Deutschen Aphoristi-
ker-Archivs (DAphA), sowie im Internet, u.a. bei
www.zitante.de

Homepage: www.trio-lit-im-vest.de/helmut-peters

Werner Gelhar

(Kaufmann im Einzelhandel)
Jahrgang 1959, geboren in meinem Hamburg -
wohnhaft in Geesthacht
Verheiratet, 2 Töchter
https://www.instagram.com/day.draw/?hl=de
https://www.facebook.com/werner.gelhar
https://www.mydrawingworld.com

Werdegang:

Ein prägendes Erlebnis hatte ich 1967 in einem
Hamburger Kino: die Erstveröffentlichung von
Disneys „Dschungelbuch"! Eigene erste zeichneri-
sche Gehversuche folgten fast zwangsläufig.
Da die Reaktionen des Umfelds durchweg positiv
waren, wollte ich auch Comics zeichnen können,
ganz im Sinne meines großen Vorbildes Walt Dis-
ney. Ständiges Üben förderte die Kreativität. Das
hatte später zur Folge, dass ich als Vater zweier
Töchter stets gefragt war, wenn gezeichnet werden
sollte.

Dem Nachbarssohn habe ich das komplette
Dschungelbuch an die vier Wände gemalt. Die
Kindergartenküche bekam „lebendige" Töpfe und
Pfannen an die Wand. Natürlich wuchsen unsere
Töchter von Anfang an in einer bemalten Kinder-
zimmerwelt auf, die W. Disney auch gemocht hätte
...

Berufsbedingt blieb es ein Hobby, das ich mittler-
weile täglich mit Zeichnungen als DAY.DRAW bei
Instagram auslebe.